st die Seele?

der bin ich eine Seele?

hon da?

ommt die Seele?

Wohin geht die Seele?

nsterblich?

n meiner Seele?

n Gott sein?

Rainer Oberthür

Der Seelensucher

Rainer Oberthür

mit Illustrationen
von Barbara Nascimbeni

Der Seelensucher

Eine Geschichte über das große Geheimnis des Menschen

Kösel

Verlagsgruppe Random House FSC® N001967

Neumarkter Str. 28, 81673 München
Umschlagillustration: Barbara Nascimbeni
Umschlag: ZeroMedia GmbH, München
Satz: Nadine Clemens, München
Druck und Bindung: Print Consult, München
Printed in Slovakia
ISBN 978-3-466-37264-5
www.koesel.de

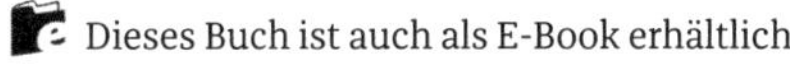
Dieses Buch ist auch als E-Book erhältlich.

In liebevoller und dankbarer Erinnerung an
Hildegard Oberthür (1930–2020) und
Fritz Oberthür (1929–2014)

Das Schönste, was wir erleben können,
ist das Geheimnisvolle.
ALBERT EINSTEIN

Sag Wahrheit ganz, doch sag sie schräg
– Erfolg liegt im Umkreisen.
EMILY DICKINSON

Gott will geheim bleiben.
Gott kann nur verkleidet erscheinen.
SIMONE WEIL

Gott und die Seele möchte ich erkennen.
Sonst nichts? Nein, sonst nichts!
AUGUSTINUS

Was nützt es dem Menschen,
wenn er die ganze Welt gewinnt,
dabei aber seine Seele verliert.
MARKUS 8,35 f

Inhalt

Der Seelensucher

Ich will erzählen von dem Mann, der nie genug bekam.
Er hatte großen Erfolg, doch das reichte ihm nicht aus,
er hatte sehr viel Geld, doch er wollte immer noch mehr,
er hatte jede Menge Besitz, doch er war niemals zufrieden.
Jeden Wunsch erfüllte er sich sofort, von jetzt auf gleich.
Alles konnte er sich leisten, von heute auf morgen.
Doch jedes Mal gefiel es ihm nur für kurze Zeit.

Die Menschen um ihn herum hatten es nicht einfach,
denn er konnte sich nicht in andere hineinversetzen.
Immer dachte er nur an sich und seinen eigenen Vorteil.
Wahrheit nannte er Lüge und Lügen verkaufte er als Wahrheit.
Niemand ließ er an sich herankommen, alles behielt er für sich,
seine Gefühle und Gedanken, alles Innerliche und Äußerliche.
Ihm fehlte es an Vertrauen. Er konnte keinen Menschen lieben.

Je älter er wurde, spürte er erst wenig, dann mehr und mehr:
Ihm fehlte es an allem, was sich niemand kaufen kann, also
vollkommenes Glück, ehrliche Freundschaft, wahre Liebe,
wirkliche Aufmerksamkeit, echtes Einfühlungsvermögen,
große Fragen, kindliches Staunen und tiefe Sehnsucht.
Das alles konnte er nicht mehr empfinden und erfahren.
Seit der Kindheit war es ihm Tag für Tag verloren gegangen.

Ihm war kalt im Herzen, selbst beim wärmsten Sonnenschein.
Er wurde krank und konnte nicht verstehen, was ihm fehlte.
Er eilte von Arzt zu Arzt, zu den besten und teuersten im Land.
Doch keiner fand auch nur die Spur einer Krankheit seines Körpers.
Alle Organe waren so kerngesund, als wäre er zwanzig Jahre jünger.
Die letzte Ärztin empfahl ihm, es bei der alten Sophia zu versuchen.
Nur Frau Weisheit, das bedeutet ihr Name, könne ihn noch retten.

Sophia sah ihm lange und tief in die Augen und schaute auf sein Herz.
Leise sprach sie: »Du siehst nur noch Sachen, keine Menschen mehr.
Für dich zählst nur noch du. Deshalb hast du deine SEELE verloren.«
Er schaute sie ratlos mit leeren Augen an: »Die … Seele, was ist das?«
Da rief sie laut: »Geh in die Welt und finde heraus, was die Seele ist!
Ich verspreche dir: Du wirst dich wiederfinden und gesund werden.
Doch bevor du auf die Reise gehst, trenne dich von allem Unnötigen!«

So verschenkte er, was er nicht brauchte, und das war fast alles.
Mit leichtem Gepäck machte er sich auf und fragte alle auf seinem Weg:
»Was ist die Seele? – Hast du dafür Worte und Bilder für mich?«
Er fragte Mädchen und Jungen, Frauen und Männer, Junge und Alte,
Freunde und Fremde, einfache und schlaue, arme und reiche Leute.
Er unterhielt sich lange mit den größten Experten für die Seele,
mit Naturwissenschaftlern, Psychologen, Philosophen und Theologen.

Einmal um die Welt reiste der Mann, besuchte die größten Bibliotheken, las Bücher über Bücher, über die Seele der Pflanzen und der Tiere, über den Menschen und seine Seele und über Gott in unseren Seelen. Mit ungläubigem Staunen entdeckte er: Schon seit rund 3000 Jahren fragen die Menschen nach der Seele, finden Worte und Antworten. Die Kinder fangen schon früh damit an und in keinem Alter hört es auf. Zeitlebens sind wir alle Weltentdecker, Gottsucher und Seelenforscher.

Er sog alle Fragen und Antworten der Menschen zur Seele in sich auf, fragte begeistert weiter, denn er konnte und wollte kein Ende finden. Tag für Tag schrieb er Gedanken und Ideen in sein kleines Notizbuch, das er immer bei sich am Herzen trug und niemals außer Acht ließ. So wurde er zum Seelensucher, ein Sammler von Sätzen über die Seele. Niemals aber blieb er bei den Worten anderer, fand eine eigene Stimme, und mit jeder Antwort wuchsen seine Weisheit und sein Staunen.

Längst hatte er Geld und Besitz vergessen. Sein Leben wurde reicher.
Nach einem Jahr war auch die letzte Seite seines Buches beschrieben.
Er las es von vorn bis hinten und war glücklich wie noch nie zuvor.
Er spürte, er hatte tatsächlich seine Seele in sich wiedergefunden.
Ihm war klar, dass er nichts endgültig über die Seele wissen konnte.
Sie blieb auf ewig ein Geheimnis. Dennoch wollte er allen sagen,
was die Seele für ihn ist, was sie für sein Leben bedeutet und bewirkt.

Eines schönen Tages traf er mich und erzählte mir seine Geschichte.
Ich schrieb all seine Seelenworte ab und deshalb gibt es dieses Buch.
Es bietet viele Antworten als Versuche an, die Seele zu begreifen.
Wer sie liest und bedenkt, kann selbst entdecken, was die Seele ist.
Dennoch wird die Wahrheit über sie allzeit unergründlich bleiben.
Die Seele finden wir nicht direkt, sondern nur auf schrägen Wegen.
Wir nähern uns ihr im langsamen Umkreisen mit Worten und Bildern.

So lade ich ein zum Lesen der 99 Versuche, die Seele zu umschreiben, geschrieben von einem Menschen, der seine Seele fast verloren hätte. Findet selbst Worte für die Seele und tauscht euch untereinander aus, fragt immer weiter nach der Seele und findet eure eigenen Antworten. Werdet auch zum Seelensucher und zum Sammler von Seelenworten und schreibt die wunderbare Geschichte eurer einzigartigen Seele, die euch zum Menschen macht wie nichts anderes auf der Welt!

Die Sammlung des Seelensuchers

ruach
ANIMA
psyche
nefesch

Tief in dir und doch so nah wie nichts anderes,
mal hier, mal da, mal fern, mal nah, tatsächlich überall,
da wohnt ein Geheimnis, das wir nie verstehen werden,
da gibt es etwas, für das kein Wort genug ist.
Und dennoch haben die Menschen eins gefunden,
das diesem Wunder so nah kommt wie kein anderes.

»Seele« heißt das Zauberwort, das nichts erklärt, doch so viel bedeutet.
Seit es Menschen gibt auf der Erde, sprechen sie von der Seele in ihnen.
Auch die Pflanzen und die Tiere, alle Lebewesen haben eine Seele.
In alten Sprachen heißt sie nefesch und ruach und anima und psyche,
übersetzt Kehle, Atem, Hauch, Wind: Wörter mit Sanftmut und Kraft.
In unserem Wort »Seele« steckt das Wort »See«, ein Wort mit Tiefe.

Um über die Seele sprechen zu können, brauchen wir Bilder und Symbole.
Die Wirklichkeit erfassen wir mit Worten, unsere Sprache erschafft die Welt.
Denn Wörter beschreiben nicht nur und bilden ab, sie schaffen Bedeutungen.
Sie eröffnen innere Vorstellungen, besonders bei eigentlich Unsichtbarem.
Was die Seele bedeutet, zeigt sich immer neu im Gebrauch ihres Wortes.
Die Bildworte, der Zusammenhang, die Sprachspiele erschaffen den Sinn.

Wir sprechen von guten, ehrlichen, freien, kranken und starken Seelen.
Trauer und Freude fühlen wir tief in der Seele, sind in der Seele getroffen.
Die Seele ist unruhig, manchmal schlagen zwei Seelen in unserer Brust.
Wir hoffen auf Seelenheil und Seelenruhe, haben Angst vor Seelenschaden,
denn die Seele ist zart und verletzlich, ja sie kann sogar zerbrechen.
Sprechen wir von der Seele, dann geht es ums Ganze in und um uns.

Leider können Menschen das Wort Seele auch fürchterlich missbrauchen.
Wenn es allein für das Ich benutzt und das Du der anderen vergessen wird,
wenn es nur auf das Wir bezogen wird und das einmalige Ich verloren geht,
wenn es nur um das eigene Land, die eigene Nation, die deutsche Seele geht,
dadurch Menschen anderer Herkunft oder Hautfarbe unterdrückt werden,
dann verletzt das die Würde und das Recht, die jede Seele von Anfang an hat.

Alles, was es gibt, besteht aus unzähligen, winzigen, unsichtbaren Atomen,
in denen noch kleinere Teilchen im fast leeren Raum umherschwirren.
Steine, Wasser, Luft, Tiere und Pflanzen enthalten dieselben Atome.
Anders als Steine können sich Pflanzen, Tiere und Menschen bewegen.
Ihnen sind von Beginn an die Seele und damit das Leben eingehaucht.
Die Seele, das ist die Lebenskraft, Energie und Bewegung in uns allen.

Aus dem Staub der Sterne ist das Leben geworden und erschaffen,
die Seele ist lebendiger Staub, geschaffen in der Vergangenheit,
für den Augenblick der Gegenwart und für alle Zeit in der Zukunft.
Die Seele führt alles zusammen, Atome und Organe, Sinne und Sinn,
Gefühle und Gedanken, Bewusstes und Unbewusstes, Körper und Geist.
Sie hält alles zusammen, was den Menschen unverwechselbar sein lässt.

Die Seele ist nicht etwas, was noch zum Menschen hinzukommt,
sie ist etwas, was in allem ist, was der Mensch ist und ihn ausmacht.
Die Seele kommt mit und in ihrem Körper auf und in die Welt,
sie ist von Anfang an da und entwickelt sich nach und nach weiter.
Sie kommt nicht von außen und oben, sie fällt nicht vom Himmel.
Die Seele wächst von innen und unten, sie ist himmlisch in uns.

Die Seele braucht gute Erfahrungen für eine gesunde Entwicklung:
Du bist etwas wert und wirst bedingungslos geliebt.
Du bist nicht allein und kannst anderen Menschen vertrauen.
Du bist sicher behütet und kannst ohne ständige Furcht leben.
Du bist wirksam und kannst dein Leben selbst gestalten.
Du bist ein Grund zur Freude und darfst Freude am Leben haben.

Unsere Vorstellungen von der Seele zeigen, wer wir als Menschen sind,
was wir in unserem Leben wollen, woran wir glauben und unser Herz hängen.
Die Seele ist das vielfältigste Sinnbild für die Antworten auf die Fragen:
Was bedeutet es, ein Mensch zu sein? Was macht ihn so besonders?

Früher betrachteten die meisten Menschen das Herz als den Sitz der Seele.
Heute wissen wir, das Herz pumpt das Blut überall hin und lässt uns leben.
Hirnforscher sehen den Sitz der Seele im Gehirn, wo die Gefühle entstehen.
Doch das Gehirn ist nur der Knotenpunkt im Kopf, seine Fühler sind überall.

Ob wir die Seele im Gehirn oder im Herz sehen, im Bauch oder in den Augen.
Alles ist richtig, nur nicht die ganze Wahrheit. Sie ist allerorts und nirgendwo.
Die Seele ist kein Organ in dir und nichts, was dir zusätzlich gegeben wird.
Sie braucht Herz und Hirn, Auge und Ohr, Mund und Haut, um da zu sein.

Die Augen sind der Spiegel deiner Seele, der Mund das Sprachrohr,
die Ohren die Quelle, das Hirn die Zentrale und das Herz die Heimat.
Was wahrhaft und ehrlich deine Seele ist, das ist in deinen Händen,
deinem Herzen und deinem Hirn, in deinen Augen und deinem Mund.

Die Seele schenkt uns den Sinn für das Geheimnisvolle im Leben:
für das Unerwartete, Unerhörte, Unerklärliche und Unverfügbare.
Die Seele führt zum Geheimnis, hilft es zu erfahren und zu bewahren.
So macht die Seele das Leben unglaublich spannend und unendlich groß.

Die Menschen haben die Seele erfunden oder besser: Wir fanden sie in uns.
In immer neuen Bildern und Worten beschreiben und überschreiben wir sie.
Alle Sprachbilder formen das Bild vom Menschen und wirken darauf zurück.
So wie wir die Seele sehen, sehen wir auch die Welt und das ganze Leben.

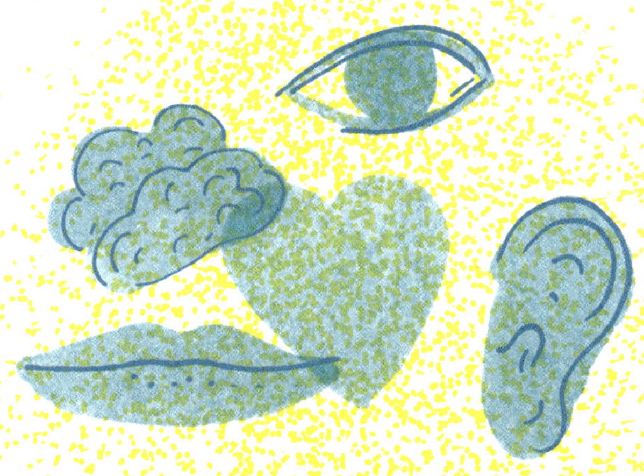

Unergründlich ist deine Seele, wie Sand rieselt sie zwischen den Fingern, wie Luft ist sie nicht zu begreifen, wie Licht flüchtig und nicht zu fassen, wie Wasser steigt sie auf und nieder zwischen Erde und Himmel.

Die Seele ist alles, nichts ist wirklicher und wahrer für dich als sie, dennoch ist sie meistens in sich verborgen wie nichts anderes. Die Seele ist das, was dich leben lässt, sie ist das Leben selbst.

Aus der Mitte deiner Seele erwachsen deine Fragen,
nach dem Woher und Warum, nach dem Sinn und Wohin?
Im Fragen spürst du, dass es so viel mehr gibt als alles.

Aus dem Herzen deiner Seele erwachsen deine Antworten,
aus dir selbst heraus und doch von weit her geschenkt.
Im Antworten kommst du der Wahrheit und Weisheit näher.

An der Seele zeigt sich, dass der Mensch über sich hinausgeht,
dass sein Leben ein Teil von etwas ist, das sein Leben übersteigt.
In der Seele spürt der Mensch, dass er nicht das Maß aller Dinge ist.

Die Seele erfährst du in der Stille und im Schweigen.
Wenn du ganz bei dir bist und auf deinen Atem hörst,
gehören Seele, Geist und Leib zusammen und werden eins.

Die Seele lässt dich leben in der Welt und macht dich frei von der Welt.
Du bist nicht in deiner Welt gefangen, kannst entscheiden, wie du lebst,
was du machst und was nicht, wer du sein und werden willst.

Die Seele ist ein Labyrinth, in das du immer weiter hineingehen kannst.
In der Mitte deiner Seele erfährst du die Freude und das Leid des Lebens
und bekommst aus Liebe zur Wahrheit die Gabe der Liebe geschenkt.

Die Seele ist das Weltall in dir, das unendlich grenzenlos ist.
Wenn du alle Wege darin gehen würdest, kämst du an kein Ende.
Dennoch gehst du immer weiter, neugierig auf dich und das Leben.

Die Seele ist eine Sonne im Menschen.
Sie erleuchtet uns von innen und lässt uns nach außen strahlen.
Je mehr sie in dir brennt, umso mehr kannst du andere wärmen.

Die Seele ist der Windhauch, dir zum Leben eingegeben.
So wie der Wind übers Land zieht, überraschend kommt und geht,
entscheidest du, wohin du gehst, und siehst, wohin das Leben dich führt.

Die Seele ist der Sitz deiner Gefühle und bietet ihnen Raum.
Mal jubelt und freut sie sich, mal leidet sie und trauert.
Sie empfindet Angst und Wut, Vertrauen und Liebe.

Die Seele ist mal beschwert und bedrückt, mal beschwingt und befreit.
Oft ist sie dir voraus und ahnt, was kommen wird. Wenn du auf sie achtest,
erfährst und erkennst du mehr und siehst das Geheimnis hinter den Dingen.

Die Seele verkümmert, wenn sie zu wenig Liebe, Lob und Vertrauen erfährt. Betrug und Lüge können sie verführen, Gewalt und Hass verdunkeln sie, Angst und Misstrauen, Drohungen und Verbote machen sie klein und krank.

Die Seele meldet sich manchmal ungefragt zu Wort, ob du willst oder nicht. Sie hilft dir, Gut und Böse zu unterscheiden, kann dir das Gute empfehlen. Ein gesundes Gewissen ist die unbestechliche Stimme der Seele.

In der Seele fließen Angst und Liebe.
Lass die Angst zu, dich aber nicht von ihr einengen und bestimmen.
Dann kann die Liebe gewinnen, denn sie ist stärker als die Angst.

Die Seele ist die Quelle deiner Kraft, getragen von deinem Willen zu leben.
Wir haben eine Seele, weil wir sie zum Leben brauchen, um zu erfahren,
wer wir sind, woher wir kommen, wohin wir gehen und was wirklich zählt.

Die Seele kann dir bei Entscheidungen helfen, die dein Leben verändern.
Sie hilft, deinen richtigen Weg zu finden, der für dich vorgesehen ist.
Die Seele hilft dir herauszufinden, wofür du auf der Welt bist.

Die Seele der Welt sucht das Schöne in der Natur und den Lebewesen.
Die Seele des Menschen antwortet darauf und erschafft die Schönheit:
in der Kunst, in der Begegnung und Beziehung, in allem, was heilig ist.

Die Seele ermöglicht tiefe Begegnungen mit Natur und Menschen,
mit Bildern, Gedichten und Liedern, die dich begeistern und beseelen.
Diese Erfahrungen ergreifen deine Seele, sodass du sie begreifen kannst.

In der Freude und der Lust am Leben, im Lachen und in der Liebe,
im Entdecken und Erfinden von allem Neuen wird auch die Seele neu,
entdeckt sie das Schöne und Gute und Wahre in sich und der Welt.

Unfertig und unfähig, unselbstständig und unvorstellbar wäre der Mensch,
wenn er leben müsste ohne Seele. Sie macht den Mensch zum Menschen.
Und durch die Seele werden alle Menschen auch zu Mitmenschen.

Die Seele wird geformt durch Erfahrungen, von Anfang an und lebenslang. Liebevolle, verlässliche und zärtliche Zuwendung lässt sie sich gut entfalten.

Die Seele lebt vom Vertrauen. Zuerst braucht sie Vertrauen in die anderen. Daraus erwachsen das Selbstvertrauen und das Vertrauen in das Leben.

Die Seele treibt uns an, etwas ganz Eigenes aus unserem Leben zu machen, dabei Unsicherheiten auszuhalten und das Risiko »Leben« zu wagen.

Die Seele braucht Hoffnung und Zuversicht trotz aller Zweifel und Probleme. Durch sie wächst die Kraft der inneren Freiheit, das Leben selbst zu gestalten.

Die Seele ermöglicht das Staunen und die Erfahrung von Schönheit. Sie schenkt Vertrauen und Hoffnung auf etwas, das größer ist als wir selbst.

Wie jedes Schneekristall ist die Seele unverwechselbar einzigartig. Die Seele verändert sich und bleibt sie selbst: wunderbar wandelbar.

Die Seele, das bin ich selbst. Sie macht mich zu dem, der ich bin. Sie ist größer als ich selbst. Die Seele ist so viel mehr als das Ich.

Die Seele schenkt dir die Fähigkeit der Einfühlung und Einbildung. Sie lässt dich etwas vorstellen und erschaffen, was es noch nicht gibt.

Die Seele hat ihre Gründe, die der Verstand nicht kennt.
Sie kann weiter blicken als das Auge und das Richtige erahnen.

Eine gesunde Seele ist frei und spontan, klug, mutig und eigenständig,
versetzt sich in andere hinein, fühlt, freut sich und leidet mit ihnen.

Eine starke Seele kennt die Größe und auch die Grenze des Menschen,
kann mit Angst, Schuld und Tod als Teil unseres Lebens geduldig umgehen.

Ist die Seele gesund und stark, kann sie schlimmstes Leid ertragen.
Ist sie aber krank und schwach, erträgt sie nicht einmal das größte Glück.

Die Seele kann über sich hinauswachsen, in ihr liegen ungeahnte Fähigkeiten, unbegrenzte Möglichkeiten und überraschende Verwandlungen.

Die Seele ist die höchste Lebensform von allem, was je auf die Welt kam.
Sie ermöglicht Freiheit und Gerechtigkeit in dem, was der Mensch tut.

Die Seele gehört niemand anderem, will nicht eingeengt sein. Sie hat Flügel, sucht die größtmögliche Freiheit und hofft in Gefangenschaft auf Befreiung.

Die Seele ist die lebendige Energie und Kraft im Menschen,
der fruchtbare Boden des Begehrens, des Fühlens und des Erinnerns.

Die Seele ist der Geburtsort unserer Gefühle und unserer Gedanken,
unserer Pläne und unserer Taten. Dort beginnt, was wir im Leben tun.

Wenn du tief nachdenkst und intensiv fühlst, ist deine Seele ganz dabei.
Sie führt deine einfühlsamen Gedanken und klugen Gefühle zusammen.

Die Seele ist dem nah, was nicht zufällig ist,
was von Dauer ist und was wirklich wahr ist.

Die Seele bleibt dir immer treu und wird dich nicht verlassen,
doch du kannst sie aus den Augen verlieren und sie nicht beachten.

Die Seele fährt auf dem Karussell des Lebens, zieht mit anderen ihre Kreise,
braucht Bewegung und Ruhe, damit es rund läuft und Neues möglich wird.

Die Seele ist ein Vogel. Sie will sich frei erheben in die Luft,
braucht starken Sturm und leisen Wind, Weite und Nähe, Höhe und Tiefe.

Die Seele ist ein Baum, zweifach verwurzelt im Himmel und in der Erde.
Aufgerichtet von oben und gehalten von der Schwerkraft steht sie im Leben.

Die Seele ist ein Regenbogen. Himmel und Erde sind in ihr aufgehoben.
Beide verbindet sie, vielfarbig ist sie sichtbar und bleibt doch ungreifbar.

Die Seele ist das komplizierteste und klangvollste Musikinstrument,
zerbrechlich, empfindsam, zart und dennoch mächtig und kraftvoll.

Die Seele ist ein Spiegel, doch im Spiegel ist sie nicht zu sehen,
sie zeigt die Wahrheit über dich, doch sie zeigt sich nicht selbst.

Die Seelen der Menschen verhalten sich zueinander wie Spiegel.
Wir sehen das Ich im Du. Am Du der anderen entwickelt sich deine Seele.

Unsere Seele verstehen wir im Spiegel der Seelen anderer,
Die Sorge um die eigene Seele und die der anderen gehören zusammen.

Jede Menschenseele hat eine Verantwortung für das Dasein der anderen,
für die Seele in der Welt und Natur, für die Seelen der Pflanzen und Tiere.

Die Seele ist niemals für sich allein zu sehen, immer vielfältig in Beziehung.
Zu jeder Zeit ist sie wie alles in jedem Atom in Bewegung und Veränderung.

Die Seele ist die Quelle der Liebe und der Wohnsitz der Liebe.
Durch die Liebe hat die Seele teil an etwas, was den Menschen übersteigt.

Die Seele spornt und feuert dich an, erweitert deine Möglichkeiten, macht dich größer und kann dir helfen, dich selbst zu übertreffen.

In der Tiefe deiner Seele siehst du, wer du wirklich bist,
Die Seele, das bist du selbst, wie du sein und werden sollst.

Alles, was wir tun, hat eine Bedeutung und hat Folgen für unsere Seele.
An der Seele wird deutlich: Es ist nicht gleichgültig, wie wir leben.

Die Seele ist an und für sich zeitlos und raumlos und körperlos,
doch für uns ist sie nur in der Zeit, im Raum und im Körper erfahrbar.

Die Seele, das ist der ganze Mensch, mehr als die Summe seiner Atome,
und der Körper ist ihre Wohnung, eigentlich immer etwas zu klein.

Die Seele ist nicht räumlich im Körper, aber in der Seele ist überall Körper.
Denn der Körper ist begrenzt, die Seele aber ohne Grenzen.

Dein lebendiger Körper ist an keiner Stelle ohne Seele,
denn die Seele erfüllt, erwärmt und erhellt ihn ganz und gar.

In der Seele sind die Grenzen von Raum und Zeit aufgehoben.
Sie ist das Tor zum Unbewussten, Unermesslichen, Unbegrenzten.

Die Seele ist ein Teil eines großen Ganzen: Sie ist der dichteste Kern,
das klarste Anzeichen, das beste Bild für das, was im Menschen geschieht.

Die Seele ist unsere Freiheit, unverwechselbar und unersetzbar zu werden,
ein einzigartiges Bild der Seele zu entfalten und mit Leben zu füllen.

An seiner Seele erkennt der Mensch seinen Ort zwischen Erde und Himmel.
Wir stehen zwischen den einfacheren Lebensformen und dem Göttlichen.

Die Seele ist der Himmel in dir, der dich ahnen lässt,
dass du vom Himmel kommst und wieder zum Himmel zurückkehrst.

Die Seele ist die Ewigkeit in dir, nicht die äußere Uhrzeit,
wohl aber die innere Lebenszeit, die immer ist, jetzt und alle Zeit.

Die Seele stößt das Tor zur Ewigkeit auf, die schon hier und jetzt ist.
Sie kann bleiben, wenn nichts bleibt, kann sein, wenn nichts mehr ist.

Im Leben und im Tod wird die Seele immer wieder aufgehoben,
also vollständig verändert, verlässlich bewahrt und wertvoll verwandelt.

Die Seele kann Brücke sein und Zugang eröffnen zu den Gestorbenen,
die in der Erinnerung im Herzen und in der Seele uns nah sind.

Am Ende des Lebens will die Seele Frieden finden, Seelenruhe, Seelenheil,
sich versöhnen mit dem, was war, und einen eigenen Weg in den Tod gehen.

Wer glaubt, kann im Bild der Seele etwas von Gott sehen.
Denn Gott hat den Menschen als sein Abbild geschaffen.
So sind Gottes Geist und der Geist der Seele einander nah.

Die Seele ist das Sinnbild für das Suchen und Sehnen nach Gott.
Wie der Körper Durst nach Wasser hat, damit er leben kann,
hat die Seele Durst nach Liebe und Sinn und Sehnsucht nach Gott.

Die Seele ist das unauslöschliche Symbol unserer Einzigartigkeit,
unserer wahren Würde und möglichen Einheit mit Gott und der Welt,
mit den anderen Menschen und Lebewesen und mit uns selbst.

Die Seele ist geschaffen von Gott und geworden durch das Leben.
Durch die Eltern kommt sie zur Welt und zugleich kommt sie von Gott.
Die Seele war immer da und wird stets bleiben, ewig und zeitlos.

Die Seele ist ein Geschenk von Gott und eine Verbindung zu Gott.
Wer seine Seele kennt, versteht sich und kann Gott entdecken.
Der Kontakt mit der Seele kann zur Beziehung mit Gott führen.

Das Auge ist der Sonne ähnlich und kann sie somit sehen.
Die Seele ist schön und kann deshalb das Schöne erfahren.
Wir tragen Gottes Geist in der Seele und können so Gott ahnen.

Die Seele kann Gott als ein großes Du erfahren, von dem sie herkommt.
Sie gehört zu Gott so wie die Strahlen zur Sonne, der Tropfen zum Meer,
wie das Staubkorn zur Erde und der Lufthauch zum Wind.

Die Seele ist das Göttliche im Menschen, ein Funke von Gottes Glanz.
In der Seele spricht Gott so direkt zu uns wie sonst nirgendwo.
Die Seele ist Wohnung und Leuchte, Himmel und Paradies Gottes.

So wie wir im Mond das Licht der Sonne sehen,
können wir in der Seele das Licht Gottes schauen.
Die Seele ist ein Fenster, durch das Gottes Licht strahlt.

Gott erleuchtet die Seele wie die Sonne ein Goldkristall,
erhellt sie, lässt sie strahlen und schenkt ihr Lebenskraft.
Gott bekleidet unser Innerstes, ist selbst das Kleid der Seele,
bedeckt und beschützt sie und sorgt für Wärme und Schönheit.

Die Seele erfüllt den ganzen Körper, Gott die ganze Welt.
Gott nährt die gesamte Welt, die Seele den gesamten Körper.
Gott und die Seele können sehen und sind doch unsichtbar.
Die Seele und Gott sind da und bleiben doch im Verborgenen.

Die unsichtbare Seele ist im Sichtbaren zu entdecken.
In der Seele verborgen ist das Geheimnis des Menschen.
Im Raum der Seele ist auch das Geheimnis Gottes zu finden.
Dort wohnt Gott in uns, kommen Mensch und Gott zusammen.

Wenn wir sterben, wird unser Leben, also die Seele, aufgehoben:
Auf der Erde ist es nicht mehr da, für immer vergangen.
Im Himmel ist es weiterhin da, auf ewig aufbewahrt.
In der Höhe wird es ganz neu sein, unerklärlich emporgehoben.
Das dürfen wir mit ganzer Seele glauben und hoffen:
Wir sind gut aufgehoben durch Gott, bei Gott und in Gott!

Im Paradies könnten die Seelen Licht sein, so wie Gott als Licht erscheint.
Lichtstrahlen sind gewichtslos, an sich unsichtbar, ungreifbar und doch da.
Im Paradies könnten die Seelen Klang sein, so wie Gott als Musik erklingt.
Jede Note ist anders und zusammen bilden sie ein nie gehörtes Lied.
Dann wären die Seelen bei und mit und in Gott ein strahlend helles Licht.
So wären alle Seelen bei und mit und in Gott im vollkommenen Einklang.

Immer wieder las ich diese 99 Liebes-Erklärungen an die Seele,
die umschreiben, was uns so nah ist und doch unverfügbar bleibt,
die dieser einst seelenlose und nun selig glückliche Mensch sammelte.
Da lernte auch ich die Welt und mich neu sehen, war vergnügt und beseelt.
Aus allen Worten, die ich gelesen hatte, allen Bildern, die in mir entstanden,
allen Gefühlen und Gedanken, die mich bewegten und die ich bedachte,
fing ich wie von selbst an, eine eigene Geschichte der Seele zu schreiben:
über den Anfang von allem und auch von der Seele, die ohne Ende ist …

Die Geschichte der Seele

Im Anfang war nur nichts und wieder nichts, überall kein All,
keine Zeit und kein Raum für irgendwas, irgendwann, irgendwo,
keine Seele, die etwas erlebt und erfährt, erfühlt und erdenkt.
Alles, was heute da ist, jedes Staubkorn und jeder Stern,
alles später mögliche Leben mit Seelen, die Leben ermöglichen,
war in einem winzigen Punkt zusammengepresst:
unvorstellbar klein, unendlich heiß, unfassbar schwer.
Dieser Ur-Punkt war das Universum, dieses Korn der Same für alles,
für alle Atome, Sterne und Planeten, für alles Leben und jede Seele:
alles noch verborgen als Möglichkeit, ohne Ordnung und Form.

Aus dem Nichts fängt alles an: der sogenannte Urknall in lautloser Stille,
kein Moment, an dem es passiert, an keinem Ort, sondern eher überall,
noch ohne Zeit und Raum, ohne Licht und Sicht, ohne Leben und Seele,
doch mit unfassbarer Energie in schwindelerregender Bewegung,
mit unvorstellbarem Chaos in unüberschaubarem Durcheinander.
Nach diesem größten Augenblick der Welt ist plötzlich alles da:
Zeit und Raum, Möglichkeiten und Zufälle, Stoff- und Lichtteilchen.
Wo vorher nichts war, ist nun alles: ein ganzes All mitten im Nichts!

Eigentlich wird es im Universum immer unordentlicher und chaotischer.
Doch seit dem Urknall wirkt eine Kraft, die alles ordnet und vorantreibt,
die alle Energie und Atome in immer höhere Formen überführt.
Aus dem Chaos, aus Irrsal und Wirrsal, entwickelt sich der Kosmos,
das heißt übersetzt: die Ordnung, der Glanz und die Schönheit der Welt.
In jedem Atom schwirrt alles hin und her, kleinste Teile im leeren Raum,
die mit unglaublicher Energie unterwegs sind, sogar im festen Stein.
Das Geheimnis des Seins, von allem, was es gibt, ist die Bewegung.

Im und seit dem Urknall fliegt alles in alle Richtungen auseinander.
Das Universum wird größer und größer, bis heute in jedem Moment.
Alle Materie und Strahlung sind erst wie ein heißer Brei zusammen,
alle Stoff- und Lichtteilchen wie im undurchsichtigen Nebel vermischt.
Als es kälter wird, werden Materie und Licht voneinander getrennt.
Nun strahlen die Lichtteilchen und das Universum wird durchsichtig.
Die Stoffteilchen ziehen sich durch die Schwerkraft gegenseitig an.
Sie ordnen sich zu Staub, Klumpen und Steinen, Brocken und Felsen.
Irgendwann entwickeln sich in riesigen Explosionen die ersten Sterne.
Aus Staub- und Gaswolken entstehen unzählige Sterne und Galaxien.
Schließlich bildet sich auch die Milchstraße mit unserer Sonne und Erde.

10 Milliarden Jahre nach dem Urknall entsteht auf der Erde ein Lebensfunke.
Das Leben entwickelt sich zuerst im tiefen Meer, geht dann aufs Festland.
Mit dem Leben kommt die Seele zur Welt, am Anfang einfachste Formen,
dann im Laufe von Jahrmillionen immer kompliziertere und erstaunlichere.
Die Pflanzen entdecken und erobern nach und nach den Lebensraum Erde.
Sie brauchen Nahrung, sie wachsen und können das Leben weitergeben,
sie werden und vergehen wieder, sie können sich aber nicht selbst fortbewegen.
Dann entwickeln sich nach und nach fähigere Tiere, die frei unterwegs sind.
Zudem können sie mit ihren Sinnen fühlen und die ganze Welt erleben,
sie können Beziehungen untereinander haben, froh und traurig sein.

Am Ende einer langen Entwicklung erscheint der Mensch auf der Erde.
Die Menschen können noch weit mehr als die Pflanzen und die Tiere.
Sie wissen, dass es sie gibt, können und wollen frei, gerecht und gut sein,
nach dem Leben und der Welt fragen, darüber nachdenken und staunen,
die Geschichte vom Urknall bis heute verstehen und sie anderen erzählen.
Die Fähigkeiten der Pflanzenseele und Tierseele trägt der Mensch in sich.
Doch der Geist und die Seele des Menschen sind das größte Geheimnis,
das die Entwicklung seit dem Urknall im Entfalten des Lebens hervorbringt.
Aus Energie und Bewegung entstehen Bewusstsein und Beziehung.
Die Seele ist die lebendigste, kraftvollste und beweglichste Lebensform.

In dieser 13,8 Milliarden Jahre alten Geschichte gibt es vier große Wunder,
entsteht jeweils völlig Neues: vier unerklärliche, geheimnisvolle Übergänge.
Am Anfang steht die Entwicklung vom kleinen Punkt zum riesigen Universum.
Später folgt der Wechsel von der unbelebten Materie zum vielfältigen Leben.
Dann entstehen aus Leben, das einfach nur da ist, immer klügere Lebewesen.
Schließlich entwickeln sich Geschöpfe, die sich ihrer selbst bewusst sind,
die immer besser Gut und Böse unterscheiden, frei und gerecht sein können,
die Verstand und Vernunft, Weisheit und Tiefe, Geist und Seele haben.

Im All herrscht normalerweise ständiger Zerfall und zunehmende Unordnung.
Nur durch Energie und Arbeit können Harmonie und Ordnung entstehen.
Umso mehr staunen wir über die vier Wunder in der Entwicklung von allem.
Wer glaubt, kann Gottes Wirken in dieser Welt und diesen Wundern sehen.
Nicht durch Gottes direktes Eingreifen von außen sind sie entstanden.
Gott ist kein Lückenbüßer, der uns einfällt, wenn die Erklärungen fehlen.
Die Wunder sind dem Universum und allem Leben von innen eingegeben:
So ist Gott wirksam und handelt in der Geschichte des Alls und der Welt.

Aus einem nicht sichtbaren Punkt entsteht das gigantische Universum
und Milliarden Jahre später der Mensch mit einer einzigartigen Seele.
Das ist so unglaublich unwahrscheinlich, als wenn du die einzige Gewinnkugel
aus 10^{12} Millionen Kugeln ziehst: Die Zahl ist eine 1 mit 12 Millionen Nullen.
Um sie aufzuschreiben, wären in diesem Buch 8000 Seiten nur mit Nullen nötig.
Da ist Zufall unmöglich oder besser: Der Zufall ist die Möglichkeit Gottes.
Der Mensch sollte und soll unbedingt und notwendig zur Welt kommen!
Er ist als Lebewesen mit Seele gewollt und gemeint, gewünscht und geliebt.
Wer glaubt, ist überzeugt, dass Gott die Menschenseele hat werden lassen.
Der Mensch ist ein Wunder aus unfassbar vielen geordneten Beziehungen,
er verdankt sein Leben Gott, der selbst Beziehung, Begegnung und Liebe ist.

So wie der eine Gott nach dem Glauben der Christen auf drei Weisen da ist,
als Vater hoch über uns, Sohn mitten unter uns und Heiliger Geist tief in uns,
in sich selbst verschieden und doch mit sich selbst in ständiger Beziehung,
so ist auch der Mensch eine dreifache Einheit aus Körper, Geist und Seele.
Wir leben in unserem Körper mit unserem Geist als einzigartige Seele.
Die drei sind verschieden und doch immer miteinander in Beziehung.
Der Körper zeigt, wie es der Seele geht, ob sie froh oder traurig ist.
Die Seele wirkt auf den Körper, sodass er krank oder gesund wird.
Der Leib ist ohne Seele nicht belebt, die Seele ohne Leib nicht verkörpert.
Körper und Seele sind sehr verschieden, doch sie brauchen einander.

Auch Geist und Seele ergänzen sich, sind sich sehr nah, aber unterscheidbar.
Der Geist lässt uns eher denken und urteilen, entwerfen und verwirklichen.
Die Seele lässt uns eher fühlen und begehren, erinnern und lieben.
Der Geist ist mehr Verstand und außen, die Seele mehr Gemüt und innen.
Der Geist ist gelenkt durch Klugheit, die Seele geht aus der Liebe hervor.
Der Geist eröffnet das Gespräch, die Seele ermöglicht die Gemeinschaft.
Der Geist sucht Wirkliches und Wahrheit, die Seele Vorstellung und Weisheit.
Der Geist kann krank und schwach werden, die Seele bleibt bestehen.
Der Geist weiß um seine Endlichkeit, die Seele ahnt die Unendlichkeit.

Der Mensch braucht Körper, Geist und Seele als Einheit, die zusammenwirkt.
Der Körper ist zweifellos unverzichtbar für ein Leben auf dieser Erde.
Auch der Geist ist notwendig für ein Leben mit Bewusstsein und Verstand.
Wie nichts anderes aber ist die Seele vorrangig, grundlegend und wesentlich.
Der Mensch ist nicht ewig auf der Erde: Der Körper verfällt mit der Zeit.
Der Geist kann geschwächt werden. Die Seele bleibt im Leben am Leben.

Wenn es bisher viermal durch höhere Ordnung wunderbare Übergänge gab,
wenn gegen das Gesetz der steigenden Unordnung großartig Neues entstand,
ist es keineswegs unvernünftig zu glauben, dass die Seele im Tod nicht stirbt.
Dann wäre die Unsterblichkeit der Seele ein fünfter unerklärlicher Übergang:
Die Seele des Menschen ist das Ergebnis aller Entwicklung seit dem Urknall.
Sie kann die Entstehung von allem begeistert bedenken und bestaunen.
Sie kann in sich selbst Gott erfahren, dem sie diese Entwicklung verdankt,
Sie kommt nach dem Tod ganz zu sich und so auch wieder zu Gott zurück.
Das dürfen wir mit Herz und Verstand und ganzer Seele hoffen und glauben.
Ob das alles wahr ist und tatsächlich so sein wird, kann niemand wissen.

Wir Menschen können die Zeit und ihr Vergehen bewusst erfahren.
Für uns hat alles seine Zeit. Wir können die Vergangenheit erinnern,
wir können die Gegenwart erleben, wir können die Zukunft erahnen.
Alles vergeht und bleibt doch verändert da, nichts geht ganz verloren.
Alles Sinnvolle bleibt auf andere Weise erhalten, nichts ist für immer vorbei.
Wir Menschen haben eine Vorstellung und ein Gefühl für die Ewigkeit in uns:
die Ewigkeit, das ist das vollständige, vollkommene und unbegrenzte Leben.
Gott hat diese Ewigkeit in unser Herz und in unsere Seele gelegt.

Wir dürfen an die Unsterblichkeit der Seele in der Ewigkeit glauben.
Auch wenn wir nichts darüber wissen, widerspricht sie nicht dem Denken.
Die Ewigkeit kennt nicht Zeit und Raum. Sie ist jenseits von Zeit und Raum.
Deshalb kann die Seele nicht wie auf der Erde in einem Körper weiterleben.
Heute wissen wir: Auf der Erde braucht die Seele den Körper, um zu leben.
Aus Energie entstehen die Materie des Körpers wie auch Geist und Seele.
Die drei sind auf ihre Weise da, aber niemals getrennt voneinander.
Zusammen sind sie mehr als für sich allein und bilden den Menschen.
Körper, Geist und Seele sind eins, eine Einheit in der einen Wirklichkeit.

Unsterblichkeit der Seele und Auferstehung des Leibes bedeuten dasselbe:
Unser Ich, unsere einzigartige Persönlichkeit bleibt und zugleich ist alles neu.
Wir werden nicht in neuen Körpern leben, sondern bleiben anders dieselben.
Wie das geschehen kann und sein wird, das weiß kein Mensch auf Erden.
Auch der ewige Gott braucht keinen Körper, ist aber lebendiger als alles.
Wenn die Seele unsterblich und ewig ist, heißt das, wir haben Anteil an Gott,
wir werden eines Tages nah bei Gott sein und Gott ähnlicher werden.
Der Geist der Seele und Gottes Geist werden dann immer mehr eins sein.

Der persönliche Gott erschafft Universum, Welt und Lebewesen nicht direkt,
greift nicht unvermittelt ein in die Geschichte des Universums und der Erde.
Gott erschafft die Weisheit, das Gesetz und die Regeln des Ordnens,
den Grundsatz der nach und nach immer besser geordneten Beziehungen,
die über lange Zeiträume hinweg den Weg zum Sein und Leben gehen.
Gott lässt alles werden. Gottes Geist ordnet Universum und Welt,
alles Leben und alle Lebewesen in immer höheren Formen.

So kommt die Seele zur Welt, erst in den Pflanzen, dann in den Tieren,
schließlich in ihrer höchsten Form der Seele in uns Menschen.
Wir können unser Leben bedenken und über uns hinauswachsen.
Wir können frei und gerecht sein und ein gutes Leben führen.
Wir können die Wahrheit erkennen, Schönheit und Liebe empfinden.
Wir können über die Natur hinaus Kultur in Wort, Bild und Musik erschaffen.
Wir können über uns hinausschauen und das Geheimnis der Welt ahnen.
Wir können die Regeln der Weisheit erkennen, die uns erschaffen hat.
Wir können in uns selbst, in unserer Seele den Geist Gottes entdecken
und glauben, dass unsere Herkunft und unsere Heimat in und bei Gott ist.

Alles, was zeitlebens in unserem einzigartigen Leben geschieht,
wird eingeschrieben in die Seele und ist dort auf ewig eingeprägt.
Alles bleibt in der Seele aufgehoben, ein Leben lang.
Im Tod wird es aus der Endlichkeit herausgehoben.
Über das Ende der Zeit hinaus wird es emporgehoben.
In der Unendlichkeit Gottes wird es behütet und bewahrt.
Die Seele ist aufgehoben, bewahrt und verwandelt bei und in Gott.

Jenseits des Universums, jenseits von Raum und Zeit, jenseits von allem,
was wir Menschen erfassen können, gibt es eine ganz andere Wirklichkeit,
der in unserer Seele der Wunsch nach Wahrheit, Liebe und Sinn entspricht.
Menschen nennen sie das Unendliche, Göttliche, Gott oder einfach Liebe.
Von dieser Wirklichkeit leitet sich ab, was gut, wahr, sinnvoll und liebevoll ist.
Seit dem ersten Tag des Universums, seit dem Urknall und Ur-Lebenshauch
wirkt ein Begehren und Drang nach Leben in allem, was es im All gibt.
Alles im Universum, der Glanz des Sterne, der Auf- und Untergang der Sonne,
die Herrlichkeit der Natur kann nur ein Echo und einen Sinn bekommen,
wenn es Seelen erfahren, die die ganze Erfahrung von Leben in sich tragen.
Nirgendwo zeigt sich der Lebenswunsch so klar wie in der Menschenseele.

Die Seele ist Leben, will leben und wird überleben.
Was auch immer kommt: Am Ende bleibt die Seele.

Gemeinsam nachdenken und staunen über die Seele

Seit über 30 Jahren führe ich mit Kindern eindrucksvolle Gespräche, die mal direkt, mal indirekt um die Frage nach der Seele kreisen. Schon früh hat der Mensch ein Gespür für das, was die Menschheit seit rund 3000 Jahren mit dem Wort Seele oder auch nefesch, ruach, anima und psyche zur Sprache bringt. Dabei fallen schon Kindern geniale Sätze über die Seele ein: *So was Ähnliches wie das Herz ist die Seele und doch ganz anders. – Die Seele ist zart und ist im Blut. – In der Seele fließen Angst und Liebe. – Die Seele ist eine Sonne im Menschen. – Wir selbst sind die Seele. – Die Seele ist eine Verbindung zu Gott. – In der Seele ist Gott.*

Wenn Menschen über die Seele nachdenken, sind Grundfragen ihres Daseins und des Mysteriums ihrer Existenz berührt: Was ist der Mensch? Wie verhalten sich Seele und Körper zueinander? Gibt es im Menschen eine Instanz, die denkt, fühlt und unsere Einzigartigkeit ausmacht? Wo ist sie zu finden? Wie kommt der Mensch in Beziehung zu Gott? Ist das Göttliche in ihm? Gibt es etwas, was den Tod überdauert? Was geschieht damit nach dem Leben?

Unser Nachdenken und Staunen über die Seele steht – bewusst oder unbewusst, intuitiv oder reflektiert – im Zusammenhang der Menschheitsgeschichte der letzten drei Jahrtausende. Männer und Frauen der Philosophie, Theologie und Naturwissenschaften haben immer wieder gefragt, gesucht, geahnt, gefühlt, gedacht, was die Seele ist und wo sie ist, wie das Verhältnis zwischen Körper, Geist und Seele ist, was mit der Seele sein wird nach dem Tod. In dieser Tradition des Nachdenkens von Menschen wie Platon, Aristoteles und Augustinus, Montaigne, Kant und Hegel, Goethe, Kierkegaard und Nietzsche, Ludwig Wittgenstein, Hannah Arendt und

Simone Weil steht dieses Buch über die Seele. Wie in meiner Geschichte vom Seelensucher erzählt, habe ich mich selbst inspirieren lassen von all dem, was junge und alte, kluge und weise Menschen über die Seele gedacht, gefühlt, gesagt und geschrieben haben. Die Lektüre von rund 2000 Seiten über die Seele (s. u.) hat mich zu eigenen Gedanken und Antworten geführt, entfaltet im umkreisenden Verstehen, wohlwissend, dass endgültige Wahrheiten über die Seele niemals ganz zu finden sind, dass aber die Suche danach uns sinnvoller und tiefer leben lässt. Und das habe ich persönlich in der Zeit des Lesens und Schreibens dieses Buches intensiv erfahren.

In seiner faszinierenden Kulturgeschichte der Seele (s. u.) beschreibt Ole Martin Høystad die Seele als ein »Palimpsest«. So nannte man im Mittelalter die Manuskripte: Auf dem seltenen und kostbaren Pergament wurden die Worte immer wieder weggewaschen oder abgeschabt und mit neuen überschrieben. Der Mensch formuliert seit 3000 Jahren immer wieder neue Sprachbilder für die Seele und »erschafft« die Seele somit ständig neu, ohne die alten Bilder zu vergessen und ohne zu meinen, die Seele endgültig erfasst zu haben. Mein Suchen und Finden von Antworten zur Seele ist zudem geprägt durch meine Glaubensüberzeugung, dass wir Menschen nicht aus Zufall auf der Welt sind, dass unsere Seele von Gott erschaffen und geschenkt ist, auch wenn sie durch unsere Eltern ins Leben gerufen und durch das Leben immer neu geformt wird. Dazu gehören auch der Glaube an die Unsterblichkeit der Seele in einer Ewigkeit jenseits von Zeit und Raum. Auf dieser persönlichen Glaubensebene haben mich das eindrucksvolle Werk von Vito Mancuso und die Briefe von François Cheng (s. u.) besonders angeregt.

Der Seele auf die Spur zu kommen, sich ihr zu nähern und sozusagen ihren und den eigenen Atem zu spüren, ist ein spannendes Projekt mit Kindern, Jugendlichen und Erwachsenen, dass uns erfahren und erkennen lässt, was Menschsein bedeutet und ausmacht, was es heißt, ein einzigartiger Mensch und wahrhaftig menschlich zu sein. Dazu lade ich Leserinnen und Leser jeden Alters ein, am besten nicht mutterseelenallein, sondern zusammen mit gleichgesinnten Seelen.

Am Anfang kann die pure Frage nach der Seele an uns alle stehen: Wie würdest du einem Menschen, der alle Wörter kennt, nur nicht das Wort »Seele«, in wenigen Worten erklären, was mit »Seele« gemeint ist? Als zweiter Schritt oder alternativ auch direkt als Einstieg kann die Geschichte vom »Seelensucher« erzählt werden, die dieses Buch eröffnet. Wenn es dort heißt, der Mann fragte Mädchen und Jungen, Frauen und Männer sowie alle auffindbaren Experten für die Seele, bietet sich eine Unterbrechung mit dem Impuls an: »Stell dir vor, der Seelensucher kommt auch zu dir ... Was wäre deine kurze Antwort auf seine Frage nach der Seele? Schreibe es auf ein kleines Notizblatt!« Nach dem gegenseitigen Vorstellen der eigenen Umschreibungen der Seele liegt die Frage nah: Was meinst du, wie geht die Geschichte vom Seelensucher weiter? Die eigenen Erzählversuche können dann mit dem Ende meiner Geschichte verglichen werden.

Die Sammlung der 99 Umschreibungen der Seele bringt neue Bewegung in die Auseinandersetzung. Eine Auswahl daraus kann, auf Einzelkarten geschrieben, ausgelegt werden. Jede und jeder sucht sich eine favorisierte Karte aus und ergänzt auf der Rückseite eigene Gedanken dazu, sodass sich das Wissen über die Seele und die Erfahrungen der Seele erweitern, ohne dass das Geheimnis der Seele zerstört wird. Die inspirierenden Zeichnungen von Barbara Nascimbeni bieten eigene Zugänge zur Frage nach der Seele und können zu eigenem bildnerischen Ausdruck oder assoziativen Umschreibungen der Seele führen. So entsteht ein paradoxes Bilder- und Wort-Museum zur Seele, in dem wir viele Antworten sammeln und doch immer das Geheimnis bewahren.

Die im dritten Teil des Buches entfaltete Geschichte der Seele bringt die gesammelten fragmentarischen Erfahrungen und Erkenntnisse zur Seele in einen Gesamtzusammenhang. Vom Urknall bis zum Menschen wird erzählt, wie die Seele zur Welt kommt. Naturwissenschaftliche und geistesgeschichtliche Hintergründe kommen gleichberechtigt zur Sprache. In diese Erzählung kann man auch mit zunehmenden Lebensjahren ›hineinwachsen‹. Je nach Alter kann diese anspruchsvolle Geschichte gekürzt, in Auszügen frei erzählt oder vollständig gelesen und befragt werden. Während einige sie in Bildern gestalten, können andere in ihren Worten diese Geschichte nacherzählen oder in einem fiktiven Brief an Gott (»Was ich dir zur Seele sagen möchte«) ihre Einsichten und Fragen zur Seele, ihr Staunen und ihren Dank für die Seele zum Ausdruck bringen.

Wenn so in individuellen und gemeinsamen Erfahrungs- und Lernprozessen einzigartig beseelte Menschen zusammenkommen und zur Sprache bringen, was ihnen auf der Seele liegt, spüren sie vielleicht hautnah, dass wir als Lebewesen dieser Welt im Grunde »Seelenverwandte« sind, also alle zur alleinigen Familie Mensch gehören.

Inspirierende Literatur bei meiner Suche nach der Seele

Ole Martin Høystad, Die Seele. Eine Kulturgeschichte, Wien, Köln, Weimar 2017 (Böhlau)

Kocku von Stuckrad, Die Seele im 20. Jahrhundert. Eine Kulturgeschichte, Paderborn 2019 (Fink)

Vito Mancuso, Die Seele und ihr Schicksal, München 2013 (Kösel)

François Cheng, Über die Schönheit der Seele, Sieben Briefe an eine wiedergefundene Freundin, München 2018 (C.H. Beck)

Anselm Grün / Wunibald Müller, Was ist die Seele? Mein Geheimnis – meine Stärke, München 2008 (Kösel)

Sabine Wery von Limont, Das geheime Leben der Seele. Alles über unser unsichtbares Organ, München 2018 (Mosaik)

Als ich meine Mutter einmal fragte,
wo meine Seele sei, sagte sie: Da, in deinen Augen.
Die Seele ist unsichtbar, sagte ich.
Sie ist das Sichtbarste an dir, behauptete sie.
Eben war die Seele auf deinen Lippen, als du ›unsichtbar‹ sagtest.
Und deine Seele?, fragte ich.
Ebenso. Sie taucht auf, wenn du mich anschaust, mit mir sprichst.
Mir ist es wohler, wenn ich mir die Seele innen in der Brust vorstelle.
Ich spüre dann deutlich, dass ich sie habe.
Mutter versteht bestimmt etwas von Seelen.
Ich wollte aber auch Vaters Meinung hören.
Als ich ihn fragte, wo seine Seele sei, sagte er:
Keine Ahnung, wo die wieder steckt.
Er fragte meine Schwester: Wo ist meine Seele?
Sie sagte: Ich habe sie nicht gehabt, ehrlich!
Vater war dann gleicher Meinung wie Mutter,
dass nämlich die Seele etwas Wanderndes ist,
das sich versteckt und zeigt, abwechslungsweise.
Jürg Schubiger (1936–2014)

Quelle: Mutter, Vater, ich und sie (1997), in: Jürg Schubiger, Als die Welt noch jung war und die anderen Geschichten, Weinheim / Basel 2011 (Beltz&Gelberg), S. 246

Was ist die Seele?

Wo in mi

Habe ich eine Seele

War die Seele imme

Woher

Ist die Seele

Ist Gott

Wird meine Seele